Fabeln deuten, verändern und erfinden
aus der Reihe „Freies Schreiben SEK"

6. Auflage 2023

© Kohl-Verlag, Kerpen 2014
Alle Rechte vorbehalten.

Inhalt: Jennifer Ferrein & Ulrike Stolz
Redaktionelle Bearbeitung: Moritz Quast & Tim Schrödel
Grafik & Satz: Kohl-Verlag
Druck: farbo prepress GmbH, Köln

Bestell-Nr. 11 217

ISBN: 978-3-86632-459-6

Das vorliegende Werk und seine Teile sind urheberrechtlich geschützt. Jede Nutzung in anderen als den gesetzlich zugelassenen Fällen bedarf der vorherigen schriftlichen Einwilligung des Verlages. Hinweis zu § 52a UrhG: Weder das Werk noch seine Teile dürfen ohne eine solche Einwilligung eingescannt und in ein Netzwerk oder das Internet eingestellt werden. Dies gilt auch für Intranets von Schulen und sonstigen Bildungseinrichtungen.

Der vorliegende Band ist eine Print-Einzellizenz

Sie wollen unsere Kopiervorlagen auch digital nutzen? Kein Problem – fast das gesamte KOHL-Sortiment ist auch sofort als PDF-Download erhältlich! Wir haben verschiedene Lizenzmodelle zur Auswahl:

	Print-Version	PDF-Einzellizenz	PDF-Schullizenz	Kombipaket Print & PDF-Einzellizenz	Kombipaket Print & PDF-Schullizenz
Unbefristete Nutzung der Materialien	x	x	x	x	x
Vervielfältigung, Weitergabe und Einsatz der Materialien im eigenen Unterricht	x	x	x	x	x
Nutzung der Materialien durch alle Lehrkräfte des Kollegiums an der lizenzierten Schule			x		x
Einstellen des Materials im Intranet oder Schulserver der Institution			x		x

Die erweiterten Lizenzmodelle zu diesem Titel sind jederzeit im Online-Shop unter www.kohlverlag.de erhältlich.

Inhalt

	Seite
Vorwort	3

1 Was sind Fabeln? — 4 - 7
- *Lehrerseite*
- *Der Fuchs und der Rabe*
- *Der Frosch und der Ochse*

2 Aufbau — 8 - 10
- *Lehrerseite*
- *Der Fuchs und der Rabe*
- *Der Wolf und der Storch*

3 Merkmale einer Fabel — 11 - 13
- *Lehrerseite*
- *Von der Stadtmaus und der Feldmaus*
- *Der Esel und der Wolf*

4 Deuten von Fabeln — 14 - 34
- *Lehrerseite*
- *Der Fuchs und der Storch*
- *Die beiden Ziegen*
- *Der Fuchs und der Storch*
- *Der Dornenstrauch*
- *Der Löwe und die Maus*
- *Der Wolf und der Kranich*
- *Vom Hunde*
- *Der Kiesel und der Fels*
- *Der Kuckuck*

5 Verändern von Fabeln — 35 - 40
- *Lehrerseite*
- *Vergeudeter Mut*
- *Die beiden Ziegen*
- *Der Fuchs und der Rabe*

6 Erfinden von Fabeln — 41 - 43
- *Lehrerseite*
- *Die beiden Enten und der Frosch*
- *Der Löwe mit dem Esel*
- *Fabeln nach Plan schreiben*

7 Zeitgemäße Fabeln — 44 - 45
- *Lehrerseite*

8 Die Lösungen — 46 - 48

Vorwort

Liebe Kolleginnen und Kollegen,

das Thema „Fabeln" – nicht nur ein Thema für die Jüngeren. In allen Altersstufen, von Jung bis Alt, verlieren Fabeln nie ihre Bedeutung, sind spannend und belehren uns im Alltag. Der Umgang mit literarischen Texten wie z.B. mit Fabeln gehört ebenso zu den Bildungsstandards, wie das Lesen eines Buchstabens. Es ist daher wichtig, dass sich Schüler jeden Alters mit Fabeln beschäftigen.

Allerdings sind Fabeln sehr komplex und oftmals fällt es den Schülern schwer, das Geschehen auf die Menschheit zu übertragen. Als Grundvoraussetzung für das Verstehen von Fabeln ist es daher wichtig, zuerst einmal alle Charaktereigenschaften der Tiere zu erkennen, sich schrittweise an den Umgang mit den Fabeln zu gewöhnen, um im Endeffekt erste eigene Versuche – eine Fabel zu schreiben – zu starten. Entscheidend dabei ist das Erkennen der Lehre im Schlussteil einer jeden Fabel. Diese Lehre wird dem Leser/der Leserin mit auf den Weg gegeben.

Es ist daher wichtig zu Beginn zu klären, was eine Fabel eigentlich ist und welche Merkmale eine Fabel hat. In einzelnen Rollenspielen können sich die Schüler in die Tiere hineinversetzen und so den Transfer zu den Charaktereigenschaften der Tiere herstellen.

Zu den berühmten Fabeldichtern zählen u.a. Aesop, Jean de la Fontaine, Gotthold Ephraim Lessing, Martin Luther, Johann Heinrich Pestalozzi und Wolfgang Spangenberg. Es gilt hier nicht alle Autoren durchzunehmen, sondern den Schülern einen Überblick über das Thema Fabeln zu geben und nebenbei auch den ein oder anderen Autor näher unter die Lupe zu nehmen.

Die vorliegenden Kopiervorlagen helfen Ihnen dabei, selbst einen Einblick in das Thema Fabeln zu erhalten und die Schüler schrittweise mit dem Thema Fabeln vertraut zu machen.

Wichtige Punkte bei Fabeln sind:

- Deuten von Inhalten
- Individuelles und kreatives Verändern von Textvorlagen
- Finden und Erfinden von eigenen Texten
- Erkennen und Formulierung von Moral und Lehre

Viel Freude und Erfolg beim Einsatz der vorliegenden Kopiervorlagen wünschen Ihnen der Kohl-Verlag und die Autoren

Jennifer Ferrein & Ulrike Stolz

1 Was sind Fabeln?

Informationen für den Lehrer

Kurze Sachanalyse

> Die Fabel (lat. fabula, „Erzählung, Geschichte, Sage") bezeichnet eine kurze Geschichte mit belehrender Absicht, in der Tiere, Pflanzen, Gegenstände oder fabelhafte Mischwesen durch menschliche Eigenschaften personifiziert werden. Die Entwicklung der Fabelhandlung endet in einer Schlusspointe, die auf eine Lehre oder Moral hinweist oder sie auch benennt.
>
> In Tierfabeln handeln Tiere wie Menschen. Dabei kommen manche Tiere recht oft vor, wie beispielsweise der Löwe, der Wolf, die Eule, der Fuchs. Diese Tiere haben in der Regel Eigenschaften, die sich in fast allen Fabeln gleichen. Der Fuchs ist der Schlaue und nur auf seinen Vorteil bedacht. Die Eule erscheint als klug und weise. Die „dumme" Gans, der „mutige" Löwe, die „kleine" Maus und die „hinterhältige" Schlange stellen bestimmte Charakterzüge von Menschen dar, die man heute auch im alltäglichen Sprachgebrauch finden kann.

Die Tierfabel

Nach der germanischen Fabeltradition wird in Tierfabeln oft der personifizierte Charakter des Fabeltieres durch einen charakteristischen Namen unterstrichen. Die folgende Darstellung gibt eine Übersicht mit Hinweisen auf Literaturbeispiele.

Name	Tier	Charakter	Literaturbeispiel
Adelheid	Gans	geschwätzig	„Zu guter Letzt" von Wilhelm Busch
Bellyn	Widder	ängstlich, aber klug	„Der Wolf und das Schaf" von Gotthold Ephraim Lessing
Braun	Bär	stark, aber dumm	„Reineke Fuchs" von Goethe
Grimbart	Dachs	bedächtig, ruhig	„Reineke Fuchs" von Goethe
Hylax	Hund	treu, gutherzig	„Reineke Fuchs" von Goethe
Isegrim	Wolf	dem Bauch gehorchend	„Reineke Fuchs" von Goethe
Kratzefuß	Henne	eitel	„Reineke Fuchs" von Goethe
Martin	Affe	eitel, intrigant	„Reineke Fuchs" von Goethe
Meister Petz	Bär	gutmütig, naiv	„Der Tanzbär" von Christian Fürchtegott Gellert
Merkenau	Krähe	naseweis	„Der Löwe mit dem Esel" von Gotthold Ephraim Lessing
Metke	Ziege	meckernd, stur, unnachgiebig	„Die zwei Ziegen" von Albert Ludwig Grimm
Pflückebeutel	Rabe	eitel, dumm, diebisch besserwisserisch	„Vom Fuchs und Raben" von Aesop
Reineke	Fuchs	schlau und hinterlistig	„Matten Has" von Klaus Groth

1 Was sind Fabeln?

Informationen für den Lehrer

Die Pflanzenfabel

Pflanzenfabeln wurden eher seltener gedichtet. Aber auch hier nehmen die Pflanzen menschliche Charakterzüge an und verhalten sich entsprechend. Beispiele sind hier: Le Chêne et le Roseau und Jotamfabel.

Eine weitere Pflanzenfabel im Alten Testament lautet:

Aber Joasch, der König von Israel, sandte zu Amazja, dem König von Juda, und antwortete ihm: Der Dornstrauch im Libanon sandte zur Zeder im Libanon und ließ ihr sagen: Gib deine Tochter meinem Sohn zur Frau! Aber das Wild im Libanon lief über den Dornstrauch und zertrat ihn. *(Das zweite Buch der Chronik [2.Chr 25,18])*

Methodisch-didaktische Hinweise

Das erste Kapitel „Was sind Fabeln?" beschäftigt sich hauptsächlich mit 2 Fabeln: Der Fabel vom Fuchs und dem Raben und dem Frosch und dem Ochsen. Der Einbezug weiterer Fabeln kann individuell erfolgen.

Ziel ist es, mit diesem Kapitel den Schülern einen ersten Einblick in die Welt der Fabeln zu ermöglichen. Ein erstes gemeinsames Lesen mit anschließenden Gesprächs- und Diskussionsrunden regen die Aufgaben 1+4 an. Die Schüler sollen sich hierbei bewusst mit Fabeln auseinandersetzen und Fragen stellen, sofern Wörter oder Textstellen nicht verstanden werden. Mit einem anschließenden Rollenspiel (Aufgabe 2) versetzen sich die Schüler in die Rolle des Fabelwesens und lernen somit dessen Charakterzug näher kennen.

Aufgaben, welche die Metaebene ansprechen (Aufgabe 3, 5, 6), lassen die Schüler erste Vergleiche zwischen den Fabeln anstellen und Merkmale von Fabeln herausarbeiten. Als Regeln kann der Lückentext aus Aufgabe 6 verwendet werden. Die Merkmale von Fabeln wurden hier zusammengefasst und können entsprechend als Regel ins Heft oder auf ein Plakat geschrieben werden, welches anschließend im Klassenzimmer für alle sichtbar aufgehängt werden kann. Eine Erarbeitung dieser Merkmale ist von wesentlicher Bedeutung, da diese Merkmale für das freie Schreiben von Fabeln unermesslich sind.

Das erste Kapitel dauert 2 Unterrichtsstunden

Seite	6	1. Unterrichtsstunde
Seite	7	2. Unterrichtsstunde

Diese Einteilung gilt nur als Richtwert, da die tatsächliche Unterrichtszeit von der Individualität Ihrer Schüler und deren eigenem Lerntempo abhängt. Die einzelnen Kopiervorlagen müssen nicht immer vollständig erarbeitet werden, um einen Lernerfolg zu erzielen.

1 Was sind Fabeln?

Der Fuchs und der Rabe

Auf einem hohen Baum saß ein Rabe. Er hatte ein Stück Käse ergattert. Ein Fuchs kam des Weges. Er witterte den Käse, und er schlich sich ganz leise an den Raben heran. „Hallo, Herr Rabe, du bist ein so herrlicher, schöner Vogel! Dein Gefieder glänzt in der Sonne, und du bist gleich einem Adler," sagte er zu dem Vogel.
Doch der Rabe reagierte nicht. Da versuchte es der Fuchs noch ein zweites Mal: „Lieber Herr Rabe, du bist doch der König der Sänger. Deine Stimme ist so schön, man sollte dich zum König aller Vögel der Welt krönen."
Eitel wie der Rabe war, fing er an zu krächzen. „Kock, kock, kräh!" Und als er den Schnabel öffnete, entfiel ihm der Käse.
Blitzschnell schnappte sich der Fuchs das Stück Käse und lachte den dummen Vogel aus.
Die Fabel zeigt: Lobsprüche aus dem Munde falscher Freunde sind die gefährlichsten Fallstricke.

Aufgabe 1: Lest die Fabel „Der Fuchs und der Rabe" und klärt unbekannte Wörter.

Aufgabe 2: Spielt die Fabel in einem Rollenspiel nach.

Aufgabe 3: Du hast nun eine Fabel gelesen und nachgespielt. Überlege nun, welche der folgenden Aussagen richtig oder falsch sind – streiche die falschen durch.

- Fabeln sind kurz und man kann etwas daraus lernen.
- Fabeln sind immer lustig.
- In Fabeln verhalten sich Tiere wie Menschen.
- Fabeln sind Lügengeschichten, denn Tiere können gar nicht sprechen.

1 Was sind Fabeln?

Der Frosch und der Ochse

Der Frosch erblickte eines Tages einen Ochsen, der eben über eine Wiese ging und der Frosch schmeichelte sich, dass er wohl eben so groß werden könnte wie dieses Tier. Er wandte also alle Mühe an, die faltige Haut seines Körpers aufzublähen und fragte seine Gefährten, ob seine Gestalt anfing, jener des Ochsen ähnlich zu werden.

Sie antworteten mit - nein. Er strengte also neue Kräfte an, um sich aufzublasen und fragte die Frösche noch einmal, ob er nun bald der Größe des Ochsen gleich wäre. Sie gaben ihm die vorige Antwort. Das schreckte den Frosch nicht ab; allein die Gewalt, die er anwandte, um sich aufzublähen, machte, dass er an der Stelle zerplatzte.

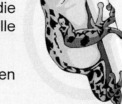

Die Fabel zeigt: Die Kleinen finden ihr Verderben, wenn sie den Großen gleich sein wollen.

Aufgabe 4: Lies die Fabel aufmerksam durch und überlege, warum der Frosch ein Ochse sein wollte?

Aufgabe 5: Vergleicht nun die Fabel „Der Fuchs und der Rabe" mit der Fabel „Der Frosch und der Ochse". Welche Gemeinsamkeiten findet ihr? Schreibt auf.

_____

_____

_____

Aufgabe 6: Vervollständige den Lückentext. Verwende dazu folgende Wörter.

| faul – kurze – Schluss – Menschen – Lehre |

Fabeln sind _____ Geschichten, in denen Tiere, wie _____ handeln. Jedes Tier hat in der Fabel eine menschliche Charaktereigenschaft. Sie sind z.B. dumm, listig, _____ ... .

Am _____ steht meist eine _____, die auf das Leben der Menschen übertragbar ist.

2 Aufbau einer Fabel

Informationen für den Lehrer

Kurze Sachanalyse

Eine Fabel besteht immer aus drei Teilen.

1. <u>Ausgangssituation</u>

   Hier wird kurz beschrieben, wie die Situation ist, als sich die beiden Tiere begegnen.

2. <u>Rede und Gegenrede</u>

   In jeder Fabel ist ein Streit oder ein Streitgespräch mit einer wörtlichen Rede zu finden.

3. <u>Lösung/Lehre</u>

   Am Ende jeder Fabel steht immer eine Lehre.

Methodisch-didaktische Hinweise

Um eine Fabel einmal selbst schreiben zu können, müssen die Schüler wissen, wie eine Fabel aufgebaut ist. Durch Erarbeitung einzelner Teile an einer schon bereits bekannten Fabel können die Schüler auf bereits Erarbeitetes zurückgreifen. Die Aufteilung in drei Teile erfolgt in Aufgabe 1 durch das Markieren bzw. unterstreichen einzelner Textpassagen. Aufgabe 2 fordert die Schüler auf, weitere Fabeln zu suchen und diese in drei Bereiche aufzuteilen.

Nach der Erarbeitung der richtigen Reihenfolge in Aufgabe 4 haben die Schüler einen wesentlichen Grundblock zum Aufbau einer Fabel erhalten.

Das zweite Kapitel dauert 2 Unterrichtsstunden

Seite 9   1. Unterrichtsstunde
Seite 10   2. Unterrichtsstunde

Diese Einteilung gilt nur als Richtwert, da die tatsächliche Unterrichtszeit von der Individualität Ihrer Schüler und deren eigenem Lerntempo abhängt. Die einzelnen Kopiervorlagen müssen nicht immer vollständig erarbeitet werden, um einen Lernerfolg zu erzielen.

2 Aufbau einer Fabel

Eine Fabel besteht immer aus drei Teilen.

1. <u>Ausgangssituation</u>

   Hier wird kurz beschrieben, wie die Situation ist, als sich die beiden Tiere begegnen.

2. <u>Rede und Gegenrede</u>

   In jeder Fabel ist ein Streit oder ein Streitgespräch mit einer wörtlichen Rede zu finden.

3. <u>Lösung/Lehre</u>

   Am Ende jeder Fabel steht immer eine Lehre.

Aufgabe 1: Lies die Fabel vom Raben und Fuchs noch einmal und unterstreiche die Ausgangssituation gelb, die Rede und Gegenrede rot und die Lehre grün.

Der Fuchs und der Rabe

Auf einem hohen Baum saß ein Rabe. Er hatte ein Stück Käse ergattert. Ein Fuchs kam des Weges. Er witterte den Käse, und er schlich sich ganz leise an den Raben heran. „Hallo, Herr Rabe, du bist ein so herrlicher, schöner Vogel! Dein Gefieder glänzt in der Sonne, und du bist gleich einem Adler," sagte er zu dem Vogel.
Doch der Rabe reagierte nicht. Da versuchte es der Fuchs noch ein zweites Mal: „Lieber Herr Rabe, du bist doch der König der Sänger. Deine Stimme ist so schön, man sollte dich zum König aller Vögel der Welt krönen."
Eitel wie der Rabe war, fing er an zu krächzen. „Kock, kock, kräh!" Und als er den Schnabel öffnete, entfiel ihm der Käse. Blitzschnell schnappte sich der Fuchs das Stück Käse und lachte den dummen Vogel aus.
Die Fabel zeigt: Lobsprüche aus dem Munde falscher Freunde sind die gefährlichsten Fallstricke.

Aufgabe 2: Suche weitere Fabeln in Büchern oder im Internet und versuche auch in diesen die drei Teile (Ausgangssituation, Rede/Gegenrede und die Lehre) zu erkennen.

2 Aufbau einer Fabel

Aufgabe 3: Lies die Satzteile aufmerksam durch. Schneide die Streifen aus und bringe die Satzteile in die richtige Reihenfolge. Klebe sie in der richtigen Reihenfolge in dein Heft/in deinen Ordner.

Der Wolf und der Storch

Der Storch kam vertrauensvoll näher und guckte in den aufgerissenen Rachen des Wolfes. „Rette mich!", gurgelte der Wolf.

Der Wolf aber sprach: „Du willst auch noch einen Lohn haben? Danke Gott, dass ich dir den Hals nicht abgebissen habe. Du solltest mir etwas schenken, dass du lebendig aus meinem Rachen gekommen bist."

„Storch, mein Freund", winselte der Wolf mit letzter Kraft, „mir steckt ein Knochen im Hals. Wenn du mich davon befreist, will ich dich reich belohnen."

Die Fabel zeigt: Wer anderen einen Dienst erweist, darf nicht Lohn und Dank erwarten.

Dann erinnerte er den Wolf an die versprochene Belohnung.

Einmal verschlang ein Wolf ein Schaf so gierig, dass ihm ein Knochenstück im Hals stecken blieb.

Der Storch schob seinen langen Schnabel in den Wolfsrachen, packte das Knochenstück und zog es behutsam heraus.

Er konnte noch so würgen, es half nichts. Der Wolf geriet darüber in große Angst.

„Nichts leichter als das", sagte der Storch. „Halte durch und gleich ist alles wieder in Ordnung."

Schon konnte er kaum noch atmen, da erblickte er einen Storch im hohen Gras.

3 Merkmale einer Fabel

Informationen für den Lehrer

Kurze Sachanalyse

Merkmale einer Fabel

- Häufig wird der genaue Ort der Handlung nicht genannt.
- Die Hauptcharaktere stellen meist Tiere, Pflanzen oder andere Dinge dar, denen man menschliche Eigenschaften zuschreibt.
- Die Hauptcharaktere agieren meist wie Menschen und stellen oftmals Stereotype dar.
- Fabeln wollen uns etwas lehren, dabei aber auch unterhalten.
- Laut Lessing sollen Fabeln mithilfe einer Geschichte die moralischen Werte vermitteln.
- Durch das Austauschen von Menschen durch Tiere übten die Menschen an ihren Zeitgenossen Kritik, ohne eine Strafe befürchten zu müssen.
- Die Ständeordnung – bzw. die Gesellschaftsstruktur – ist häufiges Thema in Fabeln (v.a. auch im Zeitalter der Aufklärung).
- Die Fabel findet meist nur an einem Ort statt und nimmt nur eine kurze Zeitspanne für sich ein.
- Es gibt keine Nebenhandlungen, man konzentriert sich auf die Haupthandlung.
- Die Sprache der Fabeln ist meist einfach, denn sie soll von jedem verstanden werden.
- Die Tiere, die in den Fabeln vorkommen, beschränken sich auf die, die der Allgemeinheit bekannt sind, wie z.B. Fuchs, Rabe, Lamm.
- Die Tiere, die in der Geschichte vorkommen, werden ebenfalls in die Überschrift eingearbeitet.

Methodisch-didaktische Hinweise

Ein detailliertes Aufgreifen der Merkmale einer Fabel ermöglicht den Schülern einen Einblick in die wesentlichen Aspekte einer Fabel. Ohne die Merkmale einer Fabel kann man sie nicht als solche erkennen. Werden die Merkmale beim Schreiben nicht berücksichtigt, ist es keine Fabel.

Durch die Bearbeitung der Aufgaben im folgenden Kapitel entdecken die Schüler Gemeinsamkeiten zwischen Fabeln, welche die Merkmale der Fabeln sind. Ein Zusammentragen der einzelnen Regeln ist sinnvoll, da die Schüler beim Schreiben einer eigenen Fabel wieder darauf zurückgreifen können. Das Formulieren in eigenen Worten ist wichtig, denn nur so können die Schüler etwas mit den Merkmalen anfangen und diese umsetzen.

....

Das dritte Kapitel dauert 2 Unterrichtsstunden

Seite 12   1. Unterrichtsstunde
Seite 13   2. Unterrichtsstunde

Diese Einteilung gilt nur als Richtwert, da die tatsächliche Unterrichtszeit von der Individualität Ihrer Schüler und deren eigenem Lerntempo abhängt. Die einzelnen Kopiervorlagen müssen nicht immer vollständig erarbeitet werden, um einen Lernerfolg zu erzielen.

3 Merkmale einer Fabel

Von der Stadtmaus und der Feldmaus

Eine Stadtmaus ging spazieren und kam zu einer Feldmaus. Die tat sich gütlich an Eicheln, Gersten, Nüssen und woran sie konnte.

Aber die Stadtmaus sprach: „Was willst du hier in Armut leben? Komm mit mir, ich will dir und mir genug schaffen von allerlei köstlicher Speise."

Die Feldmaus zog mit ihr hin in ein herrlich schönes Haus, darin die Stadtmaus wohnte, und sie gingen in die Kammern, die voll waren von Fleisch, Speck, Würsten, Brot, Käse und allem. Da sprach die Stadtmaus: „Nun iss und sei guter Dinge. Solcher Speise habe ich täglich im Überfluss."

Da kam der Kellner und rumpelte mit den Schlüsseln an der Tür. Die Mäuse erschraken und liefen davon. Die Stadtmaus fand bald ihr Loch, aber die Feldmaus wusste nirgends hin, lief die Wand auf und ab und gab schon ihr Leben verloren.

Da der Kellner wieder hinaus war, sprach die Stadtmaus: „Es hat nun keine Not, lass uns guter Dinge sein."

Die Feldmaus antwortete: „Du hast gut reden, du wusstest dein Loch fein zu treffen, derweil bin ich schier vor Angst gestorben. Ich will dir sagen, was meine Meinung ist: Bleib du eine Stadtmaus und friss Würste und Speck, ich will ein armes Feldmäuslein bleiben und meine Eicheln essen. Du bist keinen Augenblick sicher vor dem Kellner, vor den Katzen, vor so vielen Mäusefallen, und das ganze Haus ist dir feind. Von alldem bin ich frei und bin sicher in meinem armen Feldlöchlein."

Wer reich ist, hat viel Sorge.

Martin Luther

Aufgabe 1: Lies die Fabel von der Stadtmaus und der Feldmaus aufmerksam durch.

EA

Aufgabe 2: Überprüft, ob die folgenden Merkmale einer Fabel auch auf die Geschichte von der Stadtmaus und der Feldmaus zutreffen. Keuzt an.

PA

	trifft zu	trifft nicht zu
Die Tiere können sprechen wie Menschen.		
Die Tiere sind die Hauptfiguren.		
Die Tiere haben Gegensätze (z.B. stark-schwach)		
Die Lehre der Fabel steht am Schluss.		
Die Lehre ist auf Menschen übertragbar.		

Aufgabe 3: Lest weitere Fabeln und überprüft, ob die Aussagen aus Aufgabe 2 immer zutreffen.

GA

3 Merkmale einer Fabel

Der Esel und der Wolf

Ein Esel begegnete einem hungrigen Wolfe.
„Habe Mitleid mit mir", sagte der zitternde Esel, „ich bin nur ein armes, krankes Tier; sieh nur, was für einen Dorn ich mir in den Fuß getreten habe!"
„Wahrhaftig, du dauerst mich", versetzte der Wolf, „und ich finde mich mit meinem Gewissen verbunden, dich von diesen Schmerzen zu befreien."
Kaum war das Wort gesagt, so ward der Esel zerrissen.
Mitleid ist für den Mächtigen kein Grund, Gnade walten zu lassen.

Gotthold Ephraim Lessing

PA

Aufgabe 4: Überprüft, ob die folgenden Merkmale einer Fabel auch auf die Geschichte vom Esel und dem Wolf zutreffen. Keuzt an.

	trifft zu	trifft nicht zu
Die Tiere können sprechen wie Menschen.		
Die Tiere sind die Hauptfiguren.		
Die Tiere haben Gegensätze (z.B. stark-schwach)		
Die Lehre der Fabel steht am Schluss.		
Die Lehre ist auf Menschen übertragbar.		

GA

Aufgabe 5: Folgend findet ihr einige Aussagen von Kindern über Fabeln. Tragt weitere Merkmale von Fabeln zusammen und schreibt diese auf ein Plakat.

4 Deuten von Fabeln

Informationen für den Lehrer

Methodisch-didaktische Hinweise

Fabeln zu deuten, fällt Schülern oft schwer. Mit der folgenden Unterrichtseinheit soll dies behoben und die Scheu vor Fabeldeutungen genommen werden. Die Erarbeitung der einzelnen Aufgaben verläuft meist zuerst in Einzelarbeit, damit sich die Schüler ihre eigenen Gedanken zur jeweiligen Fabel machen können, bevor sie in den Austausch mit einem Partner oder einer Gruppe gehen. Ein schrittweises Vorgehen in vereinfachten Aufgaben lässt die Schüler für Fabeln sensibilisieren und nimmt die Hemmung vor der Schwierigkeit Fabeln deuten zu müssen. Transferaufgaben über die Fabel hinaus helfen den Schülern die Fabel auf die Menschenwelt zu übertragen.

Damit die Schüler nicht für jede Aufgabe eine neue Fabel lesen und sich in diese neu hineinversetzen müssen, stehen folgend mehrere Fabeln zur Auswahl, welche in **Unterrichtseinheiten** (über 1-3 Stunden) bearbeitet werden können. Die Fabeln müssen nicht der Reihe nach durchgearbeitet werden. Die Aufgaben staffeln sich jedoch in der Schwierigkeit.

Ausgewählt werden kann zwischen den Fabeln der Fuchs und der Storch (S. 15-17), die beiden Ziegen (S. 18 -19), der Fuchs und der Rabe (S. 20-22), der Dornstrauch (S. 22-23), der Löwe und die Maus (S. 24-26), der Wolf und der Kranich (S. 27-28), vom Hunde (S.29-30), der Kiesel und der Fels (S. 31-32) und der Kuckuck (S. 33-34).

Die vorliegenden Kopiervorlagen helfen Ihnen dabei, gemeinsam mit den Schülern die Fabeln zu deuten. Anschließende Unterrichtsgespräche können die einzelnen Aspekte der Aufgaben nochmals vertiefen oder festigen. Die Wiedergabe in eigenen Worten und die Bearbeitung der einzelnen Aufgaben lässt die Schüler schrittweise die Fabel verstehen.

Als **Stundeneinstieg** bietet es sich an, das Bild der jeweiligen Fabel mit einem OHP (Tageslichtprojektor) an die Wand zu projizieren. Die Schüler können sich somit ein Bild von den handelnden Personen machen und schon einmal Vermutungen anstellen, was wohl in der Fabel passieren wird. Mit dem Vortragen bzw. Lesen der Fabel wird ein Bezug zum Einstiegsbild hergestellt. Die Schüler können nun das Bild in eine konkrete Geschichte einbetten und den Verlauf besser nachvollziehen.

Auch **Rollenspiele** helfen den Schülern die Fabel besser zu verstehen, den Transfer herzustellen und die einzelnen Charaktere der Tiere zu erfassen. Hier ist allerdings Vorsicht geboten. Nicht jede Klasse kann mit Rollenspielen umgehen, es besteht die Gefahr, dass einzelne Rollen nicht charakteristisch nachgespielt werden. Eine Einschätzung Ihrerseits ist notwendig. Lassen Sie ggf. die Aufgaben zu Rollenspielen aus.

In einer abschließenden **Reflexion** kann gemeinsam der Transfer von der Tierwelt zur Menschenwelt vollzogen werden. Die Schüler können hier ihrer Fantasie freien Lauf lassen.

Das vierte Kapitel dauert 10 Unterrichtsstunden

Seiten 15-17	1./2. Unterrichtsstunde
Seiten 18-19	3. Unterrichtsstunde
Seiten 20-21	4. Unterrichtsstunde
Seiten 22-23	5. Unterrichtsstunde
Seiten 24-26	6. Unterrichtsstunde
Seiten 27-28	7. Unterrichtsstunde
Seiten 29-30	8. Unterrichtsstunde
Seiten 31-32	9. Unterrichtsstunde
Seiten 33-34	10. Unterrichtsstunde

Diese Einteilung gilt nur als Richtwert, da die tatsächliche Unterrichtszeit von der Individualität Ihrer Schüler und deren eigenem Lerntempo abhängt. Die einzelnen Kopiervorlagen müssen nicht immer vollständig erarbeitet werden, um einen Lernerfolg zu erzielen.

4 Deuten von Fabeln

Der Fuchs und der Storch

Ein Fuchs lud einen Storch zu sich nach Hause ein und setzte ihm die leckersten Speisen vor, aber nur auf ganz flachen Schüsseln, aus denen der Storch mit seinem langen Schnabel nichts fressen konnte. Gefräßig wie der Fuchs war, hatte er das ganze Mahl für sich allein und bat den Storch obendrein, es sich schmecken zu lassen.

Der Storch fühlte sich betrogen, doch lobte er die gute Bewirtung und lud seinerseits den Fuchs zu sich ein. Der Fuchs ahnte, dass der Storch sich rächen wollte und wies die Einladung ab. Doch der Storch drängte ihn freundlich und so blieb dem Fuchs nichts anderes übrig, als die Einladung anzunehmen.

Am nächsten Tage fand der Fuchs alle möglichen Leckerbissen aufgetischt, aber nur in Geschirr, das lange Hälse hatte. „Lass es dir munden", rief ihm der Storch zu, „und fühle dich wie zu Hause." Und er fraß mit seinem Schnabel ebenfalls alles allein, während der Fuchs ungehalten nur das Äußere des Geschirrs belecken konnte und außer dem Geruch des Essens nichts davon hatte.

Hungrig stand er vom Tische auf und gestand, dass ihn der Storch für seine Gemeinheit hinlänglich gestraft habe.

Die Fabel zeigt: Was du nicht willst, dass man dir tu', das füg' auch keinem anderen zu.

Aesop

Aufgabe 1: Lies die Fabel vom Fuchs und dem Storch aufmerksam durch.

Aufgabe 2: Lies nun die folgenden Aussagen zur Fabel „Der Fuchs und der Storch" durch und kreuze an, welche richtig sind.

	richtig	falsch
Ein Fuchs lud einen Storch zu sich ein.		
Der Fuchs frisst am liebsten aus flachen Tellern.		
Der Fuchs sprach zum Storch: „Lass es dir munden."		
Der Storch wollte sich rächen und lud den Fuchs in ein Restaurant ein.		
Der Storch war wütend auf den Fuchs und ließ ihn stehen.		
Der Storch war klug und stellte dem Fuchs ein Geschirr mit einem langen Hals hin.		
Der Fuchs und der Storch gingen beide hungrig nach Hause.		
Der Fuchs und der Storch wurden für ihre Gemeinheiten bestraft.		

4 Deuten von Fabeln

Aufgabe 3: a) *Was denkt der Storch, als er beim Fuchs zu Besuch ist? Schreibe auf.*

b) *Was denkt der Fuchs, als er beim Storch zu Besuch ist? Schreibe auf.*

Aufgabe 4: *Überlegt, warum der Storch und der Fuchs jeweils nichts vom Essen des anderen hatten?*

Aufgabe 5: *Nun sind deine Ideen gefragt. Zeichne ein Geschirr aus dem der Storch und der Fuchs fressen können in dein Heft/in deinen Ordner.*

4 Deuten von Fabeln

Aufgabe 6: Tragt die Charaktereigenschaften vom Fuchs und Storch in die Tabelle ein. Was erfahrt ihr alles über sie?

Merkmale der beiden Tiere

Fuchs	Storch

Aufgabe 7: Spielt die Fabel „Der Fuchs und der Storch" mit verteilten Rollen nach.

Aufgabe 8: Schreibe nun die Lehre der Fabeln in eigenen Worten nieder. Vergleiche anschließend dein Ergebnis mit den anderen Schülern in deiner Klasse.

Das lerne ich aus der Fabel:

_____
_____
_____

4 Deuten von Fabeln

Die beiden Ziegen

Zwei Ziegen trafen sich auf einer schmalen Brücke, die über einen tiefen Fluss führte. Die erste wollte auf diese, die zweite auf die andere Seite des Flusses. „Geh mir aus dem Weg!", meckerte die eine. „Was fällt dir ein?", antwortete die andere. „Ich bin viel älter als du und ich soll zurückgehen? Niemals!" Aber beide waren hartnäckig. Keine wollte zurückweichen, um die andere vorzulassen. Erst redeten sie, dann schrien sie und schließlich schimpften sie aufeinander los. Als das alles nichts nützte, fingen sie an, miteinander zu kämpfen. Sie hielten ihre Köpfe mit den Hörnern nach vorn und rannten zornig aufeinander los. Mitten auf der Brücke prallten sie heftig zusammen. Durch den Stoß verloren beide das Gleichgewicht. Sie stürzten zusammen von der schmalen Brücke in den tiefen Fluss, und nur mit allergrößter Mühe konnten sich beide an das Ufer retten.

Albert Ludwig Grimm (1790-1863)

Aufgabe 1: *Lies die Fabel aufmerksam durch.*

EA

Aufgabe 2: *Beantworte folgende Fragen in deinem Heft / Ordner.*

EA

    a) Wie wurde der Streit ausgelöst?
    b) Hätten sich die Ziegen den Streit ersparen können? Wie?
    c) Was dachten die Ziegen wohl, als sie beide im kalten Wasser schwammen?

Aufgabe 3: *Kennt ihr solche Situationen aus eurem Alltag, in denen Menschen ähnlich reagieren wie die zwei Ziegen? Versucht die Situationen zu schildern.*

4 Deuten von Fabeln

Aufgabe 4: Schreibt aus der Fabel ein Drehbuch für einen Film.
Achtet darauf: Ihr benötigt einen Erzähler, Ziege A und Ziege B.

So könnte euer Drehbuch beginnen:

Erzähler:	„Zwei Ziegen..."
Ziege A:	„Geh mir aus dem Weg!" (mit Meckerstimme)
Ziege B:	„Du bist gut, aber..."
Ziege A:	„Was fällt dir ein, du dumme Ziege? Ich bin viel älter als du und ....!" (drohend)
Erzähler:	„Aber beide waren...."

Tipp
Übernehmt nicht wortwörtlich die wörtliche Rede aus der Fabel. Denkt euch andere Redewendungen aus, um die Geschichte lebendig wirken zu lassen.

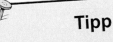

Aufgabe 5: Bei der Fabel „Die beiden Ziegen" spielen zwei Ziegen die Hauptfiguren. Warum hat Grimm wohl zwei gleiche Tiere gewählt? Und nicht zwei unterschiedliche? Stellt Vermutungen auf.

Aufgabe 6: Besprecht, welche Lehre eurer Meinung nach die Fabel vermitteln soll.

4 Deuten von Fabeln

Der Fuchs und der Rabe

Auf einem hohen Baum saß ein Rabe. Er hatte ein Stück Käse ergattert. Ein Fuchs kam des Weges. Er witterte den Käse, und er schlich sich ganz leise an den Raben heran. „Hallo, Herr Rabe, du bist ein so herrlicher, schöner Vogel! Dein Gefieder glänzt in der Sonne, und du bist gleich einem Adler," sagte er zu dem Vogel.

Doch der Rabe reagiert nicht. Da versuchte es der Fuchs noch ein zweites Mal: „Lieber Herr Rabe, du bist doch der König der Sänger. Deine Stimme ist so schön, man sollte dich zum König aller Vögel der Welt krönen."

Eitel wie der Rabe war, fing er an zu krächzen. „Kock, kock, kräh!" Und als er den Schnabel öffnete, entfiel ihm der Käse. Blitzschnell schnappte sich der Fuchs das Stück Käse und lachte den dummen Vogel aus.

Die Fabel zeigt: Lobsprüche aus dem Munde falscher Freunde sind die gefährlichsten Fallstricke.

Aesop

Aufgabe 1: Lies die Fabel aufmerksam durch.

Aufgabe 2: Beantworte folgende Fragen in ganzen Sätzen in deinem Heft/ in deinem Ordner.

a) Wohin flog der Rabe mit dem Stück Käse?
b) Wer beobachtete den Raben?
c) Weshalb redet der Fuchs mit dem Raben?
d) Der Fuchs lobt den Raben. Warum?
e) Welche Schwäche zeigt der Rabe?
f) Welche List gebraucht der Fuchs, um sein Ziel zu erreichen?
g) Was sollte der Rabe dem Fuchs beweisen?
h) Welchen Fehler machte der Rabe?
i) Wie verhält sich der Fuchs, nachdem er den Raben reingelegt hat?

4 Deuten von Fabeln

Aufgabe 3: Fertigt gemeinsam eine Mindmap an der Tafel über die Charaktereigenschaften von dem Fuchs und dem Raben an.

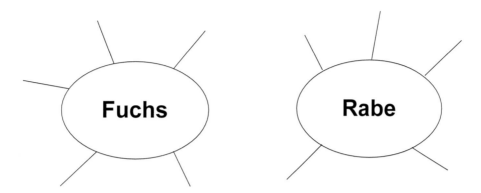

Aufgabe 4: Beschreibt die einzelnen Situationen in der Fabel. An welcher Stelle findet ihr eine Ausgangssituation, eine Rede oder Gegenrede und eine Lehre.

PA

Ausgangssituation Hier wird kurz beschrieben, wie die Situation ist, als sich die beiden Tiere begegnen.	
Rede und Gegenrede In jeder Fabel ist ein Streit oder ein Streitgespräch mit einer wörtlichen Rede zu finden.	
Lösung/Lehre Am Ende jeder Fabel steht immer eine Lehre.	

Aufgabe 5: Schreibe nun die Lehre der Fabel in eigenen Worten nieder. Vergleiche anschließend dein Ergebnis mit den anderen Schülern in deiner Klasse.

EA

_____

_____

_____

4 Deuten von Fabeln

Der Dornstrauch

„Aber sage mir doch", fragte die Weide den Dornstrauch, „warum du nach den Kleidern des vorbeigehenden Menschen so begierig bist? Was willst du damit? Was können sie dir helfen?"

„Nichts!", sagte der Dornstrauch. „Ich will sie ihm auch nicht nehmen: ich will sie ihm nur zerreißen."

Gotthold Ephraim Lessing

Aufgabe 1: Lies die Fabel vom Dornstrauch aufmerksam durch.

EA

Aufgabe 2: Beschreibt die einzelnen Situationen in der Fabel. An welcher Stelle findet ihr eine Ausgangssituation, eine Rede oder Gegenrede und eine Lehre.

PA

Ausgangssituation Hier wird kurz beschrieben, wie die Situation ist, als sich die beiden Pflanzen begegnen.	
Rede und Gegenrede In jeder Fabel ist ein Streit oder ein Streitgespräch mit einer wörtlichen Rede zu finden.	
Lösung/Lehre Am Ende jeder Fabel steht immer eine Lehre.	

Aufgabe 3: Vergleicht eure Ergebnisse aus Aufgabe 2. Was fällt euch auf? Tragt zusammen.

Seite 22

4 Deuten von Fabeln

Aufgabe 4: Welche Aussagen passen zur Fabel? Streiche falsche oder nicht passende Aufgaben durch.

EA

- Die Fabel vom Dornstrauch zeigt, dass viele Dinge oft ohne Grund kaputt gemacht werden.
- Der Dornstrauch hat menschliche Eigenschaften.
- Der Dornstrauch ist gefährlich. Er verletzt vorbeigehende Menschen.
- Die Weide ist neugierig. Sie überlegt, was am Dornstrauch anders ist als an ihr.
- Die Weide macht sich Sorgen um den Dornstrauch, denn er tut vorbeigehenden Menschen weh und beachtet nicht, was er ihnen damit antut.
- Die Fabel zeigt, dass auch die Pflanzen in der Fabel gegensätzliche Charaktere haben und daher Interesse am anderen zeigen.

Aufgabe 5: Die Weide und der Dornstrauch haben sehr gegensätzliche Charaktere. Fertigt eine Gegenüberstellung an. Schreibt in die Tabelle.

PA

Die Weide...	Der Dornstrauch...
... ist groß.	
	... hat Dornen.

Seite 23

4 Deuten von Fabeln

Der Löwe und die Maus

Der Löwe, der König der Tiere, lag eines Tages in der Mittagssonne und schlief tief und fest. Um ihn herum spielten einige Mäuse. Das riesige Raubtier erwachte durch ihren Lärm und griff sich verärgert eine kleine Maus. Als er das winzige Geschöpf so in seinen scharfen Tatzen hielt, flehte die Maus ihn an: „Oh, du großer und mächtiger Herrscher, bitte, verschone mein Leben. Ich wäre doch nur ein kleiner Bissen für dich und würde dir so nichts nutzen. Aber wenn du mich leben lässt, kann ich dir vielleicht eines Tages von Nutzen sein und dir helfen!" Über diese mutige Rede der Maus musste der Löwe herzlich lachen. Er ließ die kleine Maus jedoch freimütig ziehen.

Einige Zeit später streifte der Löwe durch den Wald. Dabei verfing er sich in einem ausgelegten Fangnetz eines Jägers. Zornig versuchte er sich zu befreien, aber je mehr er zerrte und zog, desto mehr verstrickte er sich im Netz. Bald sah er keinen Ausweg mehr. Da kam die kleine Maus des Weges, erkannte die Situation und begann sofort, an dem Netz zu nagen. Nach nicht langer Zeit hatte die Maus den Löwen mit ihren kleinen scharfen Zähnchen aus seiner misslichen Lage befreit.

Aufgabe 1: Lies die Fabel aufmerksam durch.

EA

Aufgabe 2: Spielt die Fabel „Der Löwe und die Maus" mit verteilten Rollen nach. Überlegt, ob ihr noch Requisiten braucht z.B. ein Netz.

Aufgabe 3: Beschreibt die einzelnen Situationen in der Fabel. An welcher Stelle findet ihr eine Ausgangssituation, eine Rede oder Gegenrede und eine Lehre.

PA

Ausgangssituation Hier wird kurz beschrieben, wie die Situation ist, als sich die beiden Tiere begegnen.	
Rede und Gegenrede In jeder Fabel ist ein Streit oder ein Streitgespräch mit einer wörtlichen Rede zu finden.	
Lösung/Lehre Am Ende jeder Fabel steht immer eine Lehre.	

4 Deuten von Fabeln

Aufgabe 4: **a)** *Die Maus ist nur knapp dem Tod entkommen. Welche Ängste hatte sie wohl, als der Löwe sie in den Fingern hatte? Schreibe auf.*

_____

_____

_____

_____

b) *Was denkt der Löwe, als er die Maus laufen lässt? Schreibe aus der Sicht des Löwen.*

Aufgabe 5: *Kennt ihr Situationen aus dem Alltag, in denen Menschen ähnlich reagieren, wie die Maus und der Löwe in der Fabel. Denkt dabei an das Sprichwort: Eine Hand wäscht die andere.*

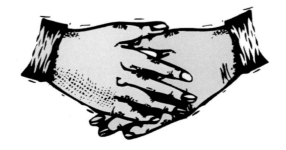

4 Deuten von Fabeln

Aufgabe 6: *Tragt die Charaktereigenschaften von der Maus und dem Löwen in die Tabelle ein. Was erfahrt ihr über sie?*

EA

Merkmale der beiden Tiere

Maus	Löwe

Aufgabe 7: *Was zeigt die Fabel? Schreibt die Lehre der Fabel in euren eigenen Worten nieder. Vergleicht anschließend euer Ergebnis mit den anderen Schülern in der Klasse.*

PA

_____

_____

_____

_____

4 Deuten von Fabeln

Der Wolf und der Kranich

Ein Wolf hatte ein Schaf erbeutet und verschlang es so gierig, dass ihm ein Knochen im Rachen stecken blieb.
In seiner Not setzte er demjenigen eine große Belohnung aus, der ihn von dieser Beschwerde befreien würde.
Der Kranich kam als Helfer herbei; glücklich gelang ihm die Kur, und er forderte nun die wohlverdiente Belohnung.
»Wie?« höhnte der Wolf, »du Unverschämter! Ist es dir nicht Belohnung genug, dass du deinen Kopf aus dem Rachen eines Wolfes wieder herausbrachtest? Gehe heim, und verdanke es meiner Milde, dass du noch lebest!«

Aesop

Aufgabe 1: *Lies die Fabel vom Wolf und dem Kranich aufmerksam durch.*

Aufgabe 2: *Fertigt gemeinsam eine Mindmap an der Tafel über die Charaktereigenschaften von dem Wolf und dem Kranich an.*

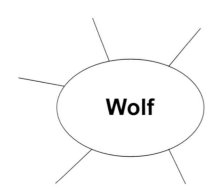 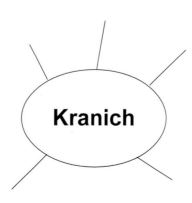

4 Deuten von Fabeln

 Aufgabe 3: Beantworte folgende Fragen in ganzen Sätzen in deinem Heft/in deinem Ordner.

EA

- a) Was hatte der Wolf verschluckt?
- b) Wer half dem Wolf in seiner Not?
- c) Weshalb versprach der Wolf eine Belohnung?
- d) Der Kranich forderte seine Belohnung. Weshalb bekommt er keine?

 Aufgabe 4: Versuche die Lehre der Fabel herauszufinden. Welche Lehre passt hier nicht. Streiche sie durch.

EA

> Wer bösen Menschen einen Dienst tut, darf von Glück reden, wenn er, statt belohnt zu werden, mit heiler Haut davon kommt.

> Hilf gern in der Not, erwarte aber keinen Dank von einem Bösewichte, sondern sei zufrieden, wenn er dich nicht beschädigt.

> Manchmal wird Hilfe nicht belohnt.

> Wer nicht dankbar ist, wird bestraft.

> Wer anderen einen Dienst erweist, darf sich nicht Lohn und Dank erwarten.

 Aufgabe 5: Was denkt der Kranich, als der Wolf ihm die wohlverdiente Belohnung nicht gibt. Schreibe auf.

EA

Seite 28

4 Deuten von Fabeln

> **Vom Hunde**
>
> Es lief ein Hund durch einen Strom und hatte ein Stück Fleisch im Maul; als er aber das Spiegelbild vom Fleisch im Wasser sah, dachte er, es wäre auch Fleisch und schnappte gierig danach. Als er aber das Maul auftat, entfiel ihm das Stück Fleisch, und das Wasser trug es weg; also verlor er beides: das Fleisch und das Spiegelbild.
>
> *Martin Luther*

Aufgabe 1: Lies die Fabel vom Hunde.

Aufgabe 2: Woran erkennt ihr, dass es sich bei der Erzählung von Martin Luther um eine Fabel handelt. Überprüft folgende Merkmale einer Fabel. Kreuzt an, ob die Aussagen zutreffen oder nicht zutreffen.

	trifft zu	trifft nicht zu
Die Tiere können sprechen wie Menschen.		
Die Tiere sind die Hauptfiguren.		
Die Tiere haben Gegensätze (z.B. stark-schwach)		
Die Lehre der Fabel steht am Schluss.		
Die Lehre ist auf Menschen übertragbar.		

Aufgabe 3: Fertigt gemeinsam eine Mindmap an der Tafel über die Charaktereigenschaften des Hundes an.

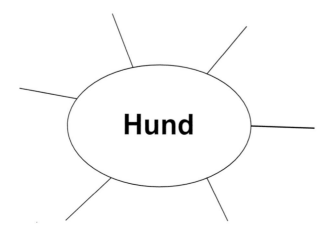

4 Deuten von Fabeln

Aufgabe 4: Was denkt der Hund, als er beides verlor: das Fleisch und das Spiegelbild? Notiere deine Ideen.

EA

_____

_____

_____

_____

Aufgabe 5: Versucht die Lehre der Fabel herauszufinden. Schreibt eure Ergebnisse auf.

PA

Tipp

Hier eine Frage, die euch bei der Aufgaben helfen könnte: „Warum möchte der Hund das Spiegelbild des Fleisches im Wasser erhaschen?"

_____

_____

_____

_____

Aufgabe 6: Besprecht, welche Lehre eurer Meinung nach die Fabel vermitteln soll. Versucht eine Situation zu finden, in der genau diese Fabel auf den Menschen übertragbar wäre.

Aufgabe 7: Sucht weitere Fabeln. Dazu könnt ihr eure Lesebücher benutzen oder ins Internet gehen, um dort fündig zu werden. Bearbeitet bei jeder gefundenen Fabel folgende Aufgaben.

PA

a) Lest die Fabel aufmerksam durch.
b) Welche Eigenschaften besitzen die Fabeltiere? Listet auf.
c) Formuliert eine Lehre zu dieser Fabel.
d) Tragt eure Ergebnisse der Klasse vor.

4 Deuten von Fabeln

Der Kiesel und der Fels

„Was nützt es, dass du dein Haupt über die Wellen empor hebst? Du hältst seinen Lauf doch nicht auf." – So sagte ein neidischer Kiesel, den der Strom fortrollte, zum Felsen, der in den Wellen stehenblieb.
Aber der Fels antwortete ihm: „Ich liebe das Stehenbleiben, auch wenn ich nichts nütze." Und ein Kranich, der auf dem Fels stand, rief lächelnd in die Fluten hinab zu den rollenden Steinen: „Wenn euch der Strom einmal an den Felsen anlegt und ihr dann selber zum Liegenbleiben kommt, so werdet auch ihr nicht mehr sagen, dass er nichts nütze."
Wer Kraft hat, gefällt sich in seiner Kraft, auch wenn sie ihm für den Augenblick nichts nützt.

Pestalozzi

Aufgabe 1: *Lies die Fabel vom Kiesel und dem Felsen.*

Aufgabe 2: *Beantworte folgende Fragen in vollständigen Sätzen.*

a) Wer sind die Hauptfiguren in der Fabel?

_____

b) Wo rollt der Kiesel hin, als der Strom kam?

_____

c) Warum ist der Kiesel neidisch?

_____

d) Welche Rolle spielt der Kranich in der Fabel?

_____

e) Wann wird der Fels für den Kiesel nützlich?

_____

f) Warum nützt dem Fels die Kraft nichts?

_____

4 Deuten von Fabeln

EA

Aufgabe 3: Erzähle die Fabel mit deinen eigenen Worten nach.

PA

Aufgabe 4: Tragt die Charaktereigenschaften von dem Kiesel und dem Felsen in die Tabelle ein. Was erfahrt ihr über sie?

Merkmale der beiden Steine

Kiesel	Fels

GA

Aufgabe 5: Überlegt, warum der Autor, Pestalozzi, als Hauptfiguren einen Fels und einen Kiesel ausgesucht hat.

EA

Aufgabe 6: Überlege: Was nützt dem Kiesel die Kraft des Felsens? Schreibe auf.

_____

_____

_____

GA

Aufgabe 7: Kennt ihr aus eurem Alltag ähnliche Situationen wie in der Fabel?

4 Deuten von Fabeln

Der Kuckuck

Der Kuckuck sprach mit einem Star,
Der aus der Stadt entflohen war.
„Was spricht man", fing er an zu schreien,
„Was spricht man in der Stadt von unsern Melodien?"
„Was spricht man von der Nachtigall?"
„Die ganze Stadt lobt ihre Lieder."
„Und von der Lerche?", rief er wieder.
„Die halbe Stadt lobt ihrer Stimme Schall."
„Und von der Amsel?", fuhr er fort.
„Auch diese lobt man hier und dort."
„Ich muss dich doch noch etwas fragen:
„Was", rief er, „spricht man denn von mir?"
„Das", sprach der Star, „das weiß ich nicht zu sagen;
denn keine Seele redt von dir."
„So will ich", fuhr er fort, „mich an dem Undank rächen,
Und ewig von mir selber sprechen."

Christian Fürchtegott Gellert

Aufgabe 1: Lies die Fabel aufmerksam durch und versuche sie zu verstehen. Lies wenn nötig ein zweites Mal.

Aufgabe 2: Fertigt gemeinsam eine Mindmap an der Tafel über die Charaktereigenschaften der einzelnen Vögel an.

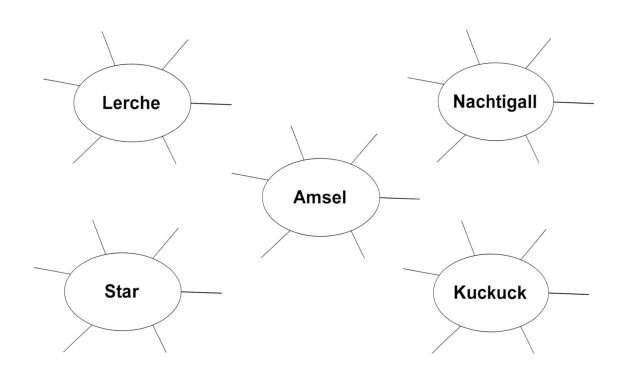

4 Deuten von Fabeln

 Aufgabe 3: *Wer lobt wen? Ordne zu.*

Die ganze Stadt lobt sie.	O		O	Lerche
Die halbe Stadt lobt sie.	O		O	Kuckuck
			O	Star
Sie wird hier und dort gelobt.	O		O	Nachtigall
Keiner lobt ihn.	O		O	Amsel

Aufgabe 4: *Spielt die Fabel „Der Kuckuck" mit verteilten Rollen nach.*

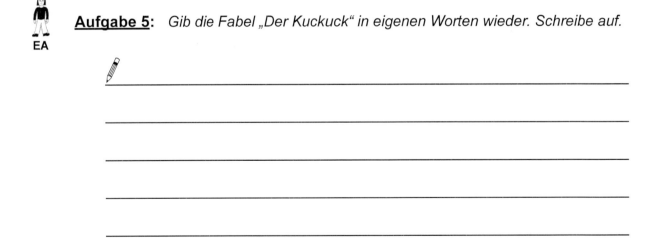

Aufgabe 5: *Gib die Fabel „Der Kuckuck" in eigenen Worten wieder. Schreibe auf.*

Aufgabe 6: *Besprecht, welche Lehre eurer Meinung nach die Fabel vermitteln soll. Versucht eine Situation zu finden, in der genau diese Fabel auf den Menschen übertragbar wäre!*

5 Verändern von Fabeln

Informationen für den Lehrer

Methodisch-didaktische Hinweise

Der erste Schritt, um Fabeln selbst schreiben zu können, ist das Verändern von Fabeln. Durch das Verändern bekannter Fabeln werden die Schüler langsam an das selbstständige Schreiben einer Fabel herangeführt.

Das Erfinden einzelner Teile einer Fabel regt die Kreativität der Schüler an und es entstehen neue ganz unbekannte Fabeln. Lassen Sie den Gedanken der Schüler freien Lauf, es ist sinnvoll, bei Fabeln auch mal über den Horizont hinauszuschauen und die zuerst für utopisch geglaubten Ideen mit einzubeziehen. Denn mit Hilfe von Fabeln können die Schüler ihre eigenen Bedürfnisse und Wünsche ausdrücken, was Ihnen auch einen wesentlichen Einblick in die Persönlichkeit des Schülers ermöglicht.

Die folgenden Kopiervorlagen greifen zum Teil auf zuvor bearbeitete Fabeln aus Kapitel 4 zurück. Es ist sinnvoll, die Schüler zuerst mit „echten" Fabeln zu konfrontieren und ihnen ein Gefühl zu geben, wie Fabeln aussehen können, bevor sie an das eigene Schreiben gehen.

Mit Hilfe von Mindmaps können die Schüler ihre Ideen sammeln, strukturieren und gegebenenfalls verändern.
Ein offenes Ende einer Fabel lässt die Schüler sich in das Tier hineinversetzen und gibt ihnen einen Grund, eigene Gedanken zu entwickeln, da die Fabel „unfertig" ist. Der anschließende Vergleich mit der „echten" Fabel soll ihnen nicht das Gefühl geben, dass ihre Ideen falsch sind. Loben Sie Ihre Schüler hier für jede kreative Idee.
Das Einbinden anderer Tiere, anderer Ausgangssituationen oder anderer Enden lässt die Schüler kreativ mit den Fabeln umgehen. Ideen zu entwickeln und auch gegebenenfalls zu verwerfen sind wesentliche Schritte zum eigenen erfolgreichen und kreativen Schreiben von Fabeln.
Achten Sie bei allen folgenden Aufgaben darauf, dass keine Idee minderwertig behandelt oder ins Lächerliche gezogen wird.

Selbstverständlich können Sie auch andere Fabeln z.B. aus Kapitel 4 zur Veränderung von Fabeln einsetzen. Je nach Klassensituation ist es sinnvoll, ausgewählte Fabeln zu verwenden, die die Schüler berührt oder in welcher die jetzige Situation der Schüler wiedergespiegelt wird.

Weitere Fabeln finden Sie überall im Internet.
Stichwort: „Fabeln".

Das fünfte Kapitel dauert 3 Unterrichtsstunden

Seiten 36-37   1. Unterrichtsstunde
Seiten 38-39   2. Unterrichtsstunde
Seite   40   3. Unterrichtsstunde

Diese Einteilung gilt nur als Richtwert, da die tatsächliche Unterrichtszeit von der Individualität Ihrer Schüler und deren eigenem Lerntempo abhängt. Die einzelnen Kopiervorlagen müssen nicht immer vollständig erarbeitet werden, um einen Lernerfolg zu erzielen.

5 Verändern von Fabeln

Vergeudeter Mut

Ein Hase, der nachts eine Bahnlinie entlanglief, geriet in das Scheinwerferpaar einer heranbrausenden D-Zug-Lokomotive. Nachdem er furchtlos ein Stück vor ihr hergesaust war, legte er die Ohren an und erwartete, überfahren zu werden. Da...

 Aufgabe 1: Lies den Beginn der Fabel „Vergeudeter Mut".

 Aufgabe 2: Überlege, was könnte die Überschrift „Vergeudeter Mut" verraten? Fertige eine Mindmap an.

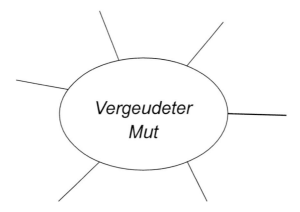

 Aufgabe 3: Überlegt gemeinsam, wie die Geschichte enden könnte. Sammelt Ideen und schreibt sie auf.

Ideen-Box

5 Verändern von Fabeln

Vergeudeter Mut

Ein Hase, der nachts eine Bahnlinie entlanglief, geriet in das Scheinwerferpaar einer heranbrausenden D-Zug-Lokomotive. Nachdem er furchtlos ein Stück vor ihr hergesaust war, legte er die Ohren an und erwartete, überfahren zu werden. Da er sich aber zwischen die Schienenstränge geduckt hatte, fuhr der Zug, ohne auch nur ein Schnurrbarthaar zu verletzen, über ihn hinweg. Als der Hase begriffen hatte, dass er noch lebte, warf er sich in die Brust: „Schade, dass niemand gesehen hat, wie ich mit ihm fertig geworden bin."

Aufgabe 4: Lest nun das Ende der „echten" Fabel aufmerksam durch. Und diskutiert, welche Unterschiede es im Vergleich zu eurer erfundenen Fabel aus Aufgabe 3 gibt.

Aufgabe 5: Versucht die Lehre der Fabel herauszufinden und schreibt eure Ergebnisse auf.

Tipp

Hier sind einige Fragen, die euch bei der Aufgabe helfen könnten:

- „Hat der Hase Angst vor dem Nahen des Zuges?"
- „Ist es sein Verdienst oder sein Mut, der ihm das Leben rettet?"
- „Wie reagiert er, nachdem er großes Glück hatte?"

5 Verändern von Fabeln

Die beiden Ziegen

Zwei Ziegen trafen sich auf einer schmalen Brücke, die über einen tiefen Fluss führte. Die erste wollte auf diese, die zweite auf die andere Seite des Flusses. „Geh mir aus dem Weg!", meckerte die eine. „Was fällt dir ein?", antwortete die andere. „Ich bin viel älter als du und ich soll zurückgehen? Niemals!" Aber beide waren hartnäckig. Keine wollte zurückweichen, um die andere vorzulassen. Erst redeten sie, dann schrien sie und schließlich schimpften sie aufeinander los. Als das alles nichts nützte, fingen sie an, miteinander zu kämpfen. Sie hielten ihre Köpfe mit den Hörnern nach vorn und rannten zornig aufeinander los. Mitten auf der Brücke prallten sie heftig zusammen. Durch den Stoß verloren beide das Gleichgewicht. Sie stürzten zusammen von der schmalen Brücke in den tiefen Fluss, und nur mit allergrößter Mühe konnten sich beide an das Ufer retten.

Albert Ludwig Grimm (1790-1863)

Aufgabe 1: *Lies den Text noch einmal, um dich an die Fabel „Die beiden Ziegen" zu erinnern.*

EA

Aufgabe 2: *Kennt ihr das Sprichwort „Der Klügere gibt nach"? Wie wäre die Fabel wohl verlaufen, wenn diese Lehre am Ende gestanden hätte. Überlegt gemeinsam und schreibt eure Ideen auf.*

PA

5 Verändern von Fabeln

Aufgabe 3: *Wie wäre die Fabel wohl mit **zwei Tigern** ausgegangen? Schreibt die Fabel mit zwei Tigern als Hauptfiguren zu Ende.*

PA

Zwei Tiger trafen sich auf einer schmalen Brücke, die über einen tiefen Fluss führte. Der erste wollte auf diese, der zweite auf die andere Seite des Flusses. „Geh mir aus dem Weg!", fauchte der eine. „Was fällt dir ein?", antwortete der andere. „Ich bin viel älter als du und ich soll zurückgehen? Niemals!" Aber beide waren hartnäckig. Keiner wollte zurückweichen, um den anderen vorzulassen. Erst redeten sie, dann schrien sie und schließlich schimpften sie aufeinander los. Als das nichts nützte, fingen sie an, miteinander zu kämpfen…

5 Verändern von Fabeln

Der Fuchs und der Rabe

Auf einem hohen Baum saß ein Rabe. Er hatte ein Stück Käse ergattert. Ein Fuchs kam des Weges. Er witterte den Käse, und er schlich sich ganz leise an den Raben heran. „Hallo, Herr Rabe, du bist ein so herrlicher, schöner Vogel! Dein Gefieder glänzt in der Sonne, und du bist gleich einem Adler," sagte er zu dem Vogel. Doch der Rabe reagiert nicht. Da versuchte es der Fuchs noch ein zweites Mal: „Lieber Herr Rabe, du bist doch der König der Sänger. Deine Stimme ist so schön, man sollte dich zum König aller Vögel der Welt krönen."
Eitel wie der Rabe war, fing er an zu krächzen. „Kock, kock, kräh!" Und als er den Schnabel öffnete, entfiel ihm der Käse. Blitzschnell schnappte sich der Fuchs das Stück Käse und lachte den dummen Vogel aus.
Die Fabel zeigt: Lobsprüche aus dem Munde falscher Freunde sind die gefährlichsten Fallstricke.

Aesop

Aufgabe 1: Lies den Text noch einmal, um dich an die Fabel „Der Fuchs und der Rabe" zu erinnern.

Aufgabe 2: Was wäre wohl passiert, wenn der Käse vergiftet gewesen wäre? Schreibe ein neues Ende.

Eitel wie der Rabe war, fing er an zu krächzen. „Kock, kock, kräh!" Und als er den Schnabel öffnete, entfiel ihm der Käse. Blitzschnell schnappte sich der Fuchs das Stück Käse und lachte den dummen Vogel aus. Der Käse aber war vergiftet ...

6 Erfinden von Fabeln

Informationen für den Lehrer

Methodisch-didaktische Hinweise

Nun ist es soweit: In diesem Kapitel erfinden die Schüler zum ersten Mal eigene Fabeln.

Der Rückgriff auf vorangehende Kapitel wird hier immer wieder in den Vordergrund gestellt. Bereits erarbeitete Aufgaben und Merkmale (aus Kapitel 3) werden benötigt, um Fabeln zu erfinden. Was allerdings auf keinen Fall fehlen darf, ist die Kreativität der Schüler. Ob alleine, als Partner- oder Gruppenarbeit – jede Idee ist gefragt und sollte nicht verworfen, sondern erst einmal aufgegriffen und anschließend diskutiert werden.

Die Erarbeitung der Charaktereigenschaften (in Aufgabe 1) und das gemeinsame Auswerten der Ideen (in Aufgaben 2 und 3) sind wesentliche Grundbausteine, um eine Fabel schreiben zu können.

Ein gemeinsames Überlegen der Details von Fabeln lässt die Schüler nicht „im Regen stehen", sondern lässt sie motiviert in das eigenen Schreiben starten.

Das sechste Kapitel dauert 2 Unterrichtsstunden

Seite 42　　1. Unterrichtsstunde
Seite 43　　2. Unterrichtsstunde

Diese Einteilung gilt nur als Richtwert, da die tatsächliche Unterrichtszeit von der Individualität Ihrer Schüler und deren eigenem Lerntempo abhängt. Die einzelnen Kopiervorlagen müssen nicht immer vollständig erarbeitet werden, um einen Lernerfolg zu erzielen.

6 Erfinden von Fabeln

Der Löwe mit dem Esel

Aufgabe 1: Schaue dir die Bilder vom Löwen und Esel genau an und überlege, welche Charaktereigenschaften diese Tiere haben? Schreibe auf.

EA

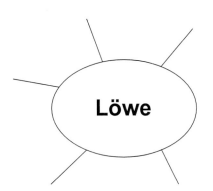 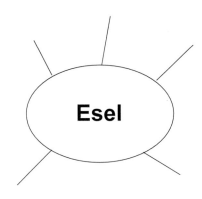

Aufgabe 2: Vergleicht eure Ergebnisse aus Aufgabe 1. Und überlegt, welche Eigenschaften für das Schreiben einer Fabel mit der Überschrift „Der Löwe mit dem Esel" sinnvoll sind.

GA

Aufgabe 3: Überlegt gemeinsam, welches Abenteuer die beiden erleben könnten.

GA

> **So könnte eure Fabel beginnen:** Als der Löwe mit dem Esel, der ihn mit seiner fürchterlichen Stimme die Tiere jagen helfen sollte, durch den Wald ging ...

Aufgabe 4: Schreibe die gemeinsam überlegte Fabel in dein Heft/in deinen Ordner.

EA

6 Erfinden von Fabeln

Fabeln nach Plan schreiben

Aufgabe 1: Versuche dir eine eigene Fabel auszudenken. Wähle zwei Tiere aus, die total gegensätzlicher Natur sind (z.B. Elefant und Hamster) und gib ihnen ebenso unterschiedliche Charaktereigenschaften (z.B. schlau – dumm, dick – dünn...)

EA

Aufgabe 2: Denke dir eine Lehre für deine Fabel aus.
Hier ein paar Beispiele:

EA

- Lügen haben kurze Beine.
- Der Klügere gibt nach.
- Was lange währt, wird endlich gut.

Aufgabe 3: Beginne nun mit dem Schreiben. Denke dabei an die einzelnen Situationen in der Fabel.

EA

Ausgangssituation Hier wird kurz beschrieben, wie die Situation ist, als sich die Tiere begegnen.	
Rede und Gegenrede In jeder Fabel ist ein Streit oder ein Streitgespräch mit einer wörtlichen Rede zu finden.	
Lösung/Lehre Am Ende jeder Fabel steht immer eine Lehre.	

Aufgabe 4: Stellt eure geschriebene Fabel in einer Schreibkonferenz vor.

PA

7 Zeitgemäße Fabeln

Informationen für den Lehrer

Methodisch-didaktische Hinweise

Die Übertragbarkeit auf das Leben ist bei jeder Fabel gegeben. Denn die Lehre kann immer oder zumindest meist auf die Lebenssituationen übertragen werden. Die bereits behandelten Fabeln stammen fast alle aus früheren Zeiten.
Aesop lebte beispielsweise um 600 v. Chr., Lessing im 18. Jahrhundert und Pestalozzi im 17.+18. Jahrhundert.

Es gibt aber auch Fabeldichter, die im 20. Jahrhundert gelebt haben (z.B. W. Schnurre), dennoch sind zeitgemäße Fabeln mit aktuellen Themen und Anlässen eher die Ausnahme.

Um den Schülern einen Einblick in zeitgemäße Fabeln zu geben, wird nachfolgend (in Kapitel 7) eine Fabel vorgestellt, die die aktuellen Gegebenheiten mit einbezieht. Es soll hier nicht die Aufgabe sein, so eine Fabel zu schreiben, sondern diese mit anderen Fabeln zu vergleichen (Aufgabe 2) und Überschriften zu finden (Aufgabe 1).

Das siebte Kapitel dauert 1 Unterrichtsstunde

Seite 45   1. Unterrichtsstunde

Diese Einteilung gilt nur als Richtwert, da die tatsächliche Unterrichtszeit von der Individualität Ihrer Schüler und deren eigenem Lerntempo abhängt. Die einzelnen Kopiervorlagen müssen nicht immer vollständig erarbeitet werden, um einen Lernerfolg zu erzielen.

7 Zeitgemäße Fabeln

Auch Fabeln gehen mit der Zeit und wandeln sich. Hier einige Beispiele, wie eine Fabel mit heutigen Themen aussehen könnte.

Fabel 1: _____

> Joggt ein lustiger Hase durch den Wald. An einer Eiche sieht er, wie sich der Fuchs gerade einen Joint dreht. Im allerletzten Moment springt der Hase und schlägt dem Fuchs den Joint aus der Hand und motzt: „Hey, Fuchs, mach doch keinen Scheiß! Drogen sind schlecht, die machen dich kaputt. Komm lieber mit joggen." Der Fuchs will erst nicht. Kommt dann aber doch mit, wie Kiffer so sind.
>
> Als sie an einer Wiese vorbeikommen, sehen sie, wie der Hirsch sich gerade mit seiner Kreditkarte eine Linie Kokain zieht. Im allerletzten Moment, noch bevor der Hirsch seinen 100-Euroschein hinhalten kann, springt der Hase auf und verstreut das ganze Kokain. „Oh man, Hirsch mach doch keinen Scheiß! Drogen sind schlecht! Die machen dich kaputt! Komm lieber mit joggen!"
>
> So entschließt sich auch der Hirsch mitzukommen.
>
> Als die drei ans Ufer kommen, sehen sie, wie der Bär sich gerade den Arm abschnürt und sich eine Spritze geben will. Im letzten Moment springt der Hase hin und schlägt ihm die Spritze aus der Hand. „Oh Mann, Bär!" Nachdem er das gesagt hat, schlägt ihm der Bär so heftig auf die Nase, dass der Hase erst nach 100 Metern an einem Baum bewusstlos hängen bleibt. Da geht der vom Joggen begeisterte Fuchs zum Bären und meint: „Ach Bär, das war jetzt voll nicht o.k. von dir! Der Hase wollte doch nur nett sein!"
>
> Noch bevor er diesen Satz richtig zu Ende gesprochen hat, schreit ihn der Bär an: „Halt's Maul! Dieser Scheißhase geht mir so auf die Eier! Immer wenn der auf Ecstasy ist, rennt er durch den Wald und labert alle Tiere voll!"

Aufgabe 1: *Finde zu der Fabel eine passende Überschrift.*

Aufgabe 2: *Vergleiche die zeitgemäße Fabel mit einer der Fabeln, die du bereits behandelt hast. Achte hierbei auch auf die Kernelemente der Fabel: Ausgangssituation; Rede und Gegenrede und die Lehre.*

8 Die Lösungen

1

Aufgabe 3: Falsche Aussage: • Fabeln sind immer lustig.
• Fabeln sind Lügengeschichten, denn Tiere können gar nicht sprechen.

Aufgabe 5: Gemeinsamkeiten: Jeder wollte etwas anderes haben: Der Fuchs den Käse des Raben und der Frosch wollte so sein wie ein Ochse. Beide waren nicht mit dem zufrieden was sie hatten.

Aufgabe 6: kurze, Menschen, faul, Schluss, Lehre

2

Aufgabe 1: Ausgangssituation: Auf einem hohen Baum saß ein Rabe....und er schlich sich ganz leise an den Raben heran.

Aktion/Reaktion: „Hallo, Herr Rabe, ... entfiel ihm der Käse.

Lösung/Lehre: Blitzschnell schnappte sich ... sind die gefährlichsten Fallstricke.

Aufgabe 3: 1. Einmal verschlang ...   2. Er konnte noch so würgen, ...   3. Schon konnte er kaum noch atmen, ...
4. „Storch, mein Freund", ...   5. Der Storch kam vertrauensvoll ...   6. „Nichts leichter als das", ...
7. Der Storch schob seinen langen ...   8. Dann erinnerte er den Wolf ...   9. Der Wolf aber sprach ...
10. Die Fabel zeigt: ...

3

Aufgaben 2-3: Es treffen alle Aussagen zu.

4

Der Fuchs und der Storch:

Aufgabe 2: Richtige Aussagen:
• Ein Fuchs lud einen Storch zu sich ein.
• Der Fuchs frisst am liebsten aus flachen Tellern.
• Der Storch war klug und stellte dem Fuchs ein Geschirr mit einem langen Hals hin.
• Der Fuchs und der Storch gingen beide hungrig nach Hause.

Aufgabe 3: Individuelle Lösungen.

Aufgabe 4: Beide konnten jeweils nicht aus den Schüsseln des anderen essen.

Aufgabe 5: Individuelle Lösungen.

Aufgabe 6: Fuchs: hinterlistig, betrügerisch ...   Storch: freundlich, auf Gerechtigkeit aus ...

Aufgabe 8: Individuelle Lösungen.

Die beiden Ziegen:

Aufgabe 2:
a) Die beiden Ziegen begegneten sich auf einer Brücke und keine wollte beiseite gehen.
b) Die Ziegen hätten sich den Streit ersparen können, wenn eine der Ziegen die andere durchgelassen hätte.
c) Individuelle Lösungen.

Aufgaben 4-6: Individuelle Lösungen.

Der Fuchs und der Rabe:

Aufgabe 2:
a) Der Rabe flog auf einen hohen Baum.
b) Der Fuchs beobachtete den Raben.
c) Der Fuchs redet mit dem Raben, weil er das Stück Käse haben möchte.
d) Er wollte, dass der Rabe den Käse fallen lässt.
e) Der Rabe lässt sich schmeicheln und fängt an zu krächzen.
f) Der Fuchs schmeichelt dem Raben.
g) Der Rabe sollte dem Fuchs beweisen, dass er der König der Sänger ist.
h) Der Rabe fing an zu krächzen.
i) Der Fuchs schnappte sich das Stück Käse und lachte den Raben aus.

Aufgabe 3: Fuchs: betrügerisch, gierig, schlau, gemein, hinterlistig, schmeichelnd ...
Rabe: ausgeglichen, dumm, eitel, zufrieden, eingebildet ...

8 Die Lösungen

4 Der Fuchs und der Rabe:

Aufgabe 4: Ausgangssituation: Auf einem hohen Baum saß ... kam des Weges.
Aktion/Reaktion: Er witterte den Käse...lachte den dummen Vogel aus.
Lösung/Lehre: Die Fabel zeigt: ... gefährlichste Fallstricke.

Aufgabe 5: Individuelle Lösungen.

Der Dornstrauch

Aufgabe 2: Ausgangssituation: keine
Aktion/Reaktion: „Aber sage, ... ich will sie ihm nur zerreißen."
Lösung/Lehre: keine

Aufgabe 4: Falsche Aussagen: Der Dornstrauch ist gefährlich ... Die Weide ist neugierig ...

Aufgabe 5: Weide: herunterhängende Äste, hat Früchte   Dornstrauch: klein, Dornen ...

Der Löwe und die Maus:

Aufgabe 3: Ausgangssituation: Der Löwe, ... einige Mäuse.
Aktion/Reaktion: Das riesige Raubtier ... befreit.
Lösung/Lehre: keine

Aufgabe 4: Individuelle Lösungen.

Aufgabe 6: Maus: klein, zierlich, schlau, hilfsbereit ...   Löwe: mächtig, groß, gefräßig ...

Aufgabe 7: Individuelle Lösungen.

Der Wolf und der Kranich:

Aufgabe 2: Wolf: hinterlistig, unverschämt, verhöhnt, gierig,...   Kranich: hilfsbereit, lobenswert, fordernd,...

Aufgabe 3:
a) Der Wolf hat ein Schaf verschluckt.
b) Der Kranich half dem Wolf in seiner Not.
c) Der Wolf versprach eine Belohnung, weil er von seiner Beschwerde befreien werden wollte.
d) Der Wolf meinte, es sei schon die beste Belohnung, dass er ihn nicht gefressen hat.

Aufgabe 4: falsche Lehre: Wer nicht dankbar ist, wird bestraft.

Aufgabe 5: Individuelle Lösungen.

Vom Hunde:

Aufgabe 2: Trifft nicht zu: Die Tiere haben Gegensätze. Es gibt nur ein Tier als Hauptfigur.

Aufgabe 3: Hund: gefräßig, demütig, gehorsam, zuverlässig, aufrichtig ...

Aufgabe 4: Individuelle Lösungen.

Aufgabe 5: Mögliche Lösung: Wer den Hals nicht voll genung kriegt kann leicht ersticken oder verhungern.

Seite 47

8 Die Lösungen

4 Der Kiesel und der Fels:

Aufgabe 2:
a) Der Kiesel und der Fels sind die Hauptfiguren in der Fabel.
b) Der Kiesel rollt mit dem Strom fort.
c) Der Kiesel ist neidisch, weil er sein Haupt nicht über die Wellen empor heben kann.
d) Der Kranich erklärt dem Kiesel die Situation.
e) Der Fels wird für den Kiesel nützlich, wenn er an einem Felsen anlegt. Der Fels schützt ihn.
f) Die Kraft nützt ihm nichts, weil er die Wellen nicht aufhalten kann.

Aufgabe 3: Individuelle Lösungen.

Aufgabe 4: <u>Kiesel</u>: klein, rollt, wird vom Strom mitgenommen ...   <u>Fels</u>: groß, steht, standfest, massiv ...

Aufgabe 5: Individuelle Lösungen.

Aufgabe 6: Die Kraft des Felsen nützt dem Kiesel vor Gefahren. Er kann sich beispielsweise dort verstecken oder Schutz finden.

Der Kuckuck:

Aufgabe 2: Mögliche Lösung: **Star:** klug
Lerche: unauffällig
Amsel: reviereinnehmend
Nachtigall: klug, diebisch
Kuckuck: eigenwillig

Aufgabe 3: Die ganze Stadt lobt sie – Nachtigall.   Die halbe Stadt lobt sie – Lerche.
Sie wird hier und dort gelobt – Amsel.   Keiner lobt ihn – Kuckuck

Aufgabe 5 - 6: Individuelle Lösungen.

5 Vergeudeter Mut:

Aufgaben 2-3: Individuelle Lösungen.

Aufgabe 5: Individuelle Lösungen.

Die beiden Ziegen:

Aufgabe 2 - 3: Individuelle Lösungen.

Der Fuchs und der Rabe:

Aufgabe 2: Individuelle Lösungen.

6 Der Löwe mit dem Esel:

Aufgabe 1: <u>Löwe</u>: mächtig, klug, stark ...   <u>Esel</u>: dumm, stur, bockig ...

Aufgabe 4: Individuelle Lösungen.

Fabeln nach Plan schreiben:

Aufgabe 1 - 4: Individuelle Lösungen.

7

Aufgabe 1 - 2: Individuelle Lösungen.